Sabine Kapeller

Weihnachtliche Filzideen

Dekorationen aus Bastelfilz

Funkelnde Sternendosen

Abbildung Seite 1

Material

- Pappdosen, ø ca. 14 cm bzw. 16,5 cm
- Filz in Türkis, Lila und Dunkelblau
- Prägefolie in Silber

Vorlagenbogen 1B

Messen Sie die Höhe des Dosenunterteils zwischen Deckelrand und Boden nach, außerdem den Umfang des Unterteils. Schneiden Sie ein Stück Filz aus, das jeweils 1 cm größer ist als die errechneten Maße. Kleben Sie diesen Filzstreifen mit der Leimmischung (siehe Seite 5) so auf die Dose, dass zwischen Deckel und Filz nichts mehr vom Unterteil zu sehen ist.

Schneiden Sie den Überstand an der Schmalseite ab, so dass eine saubere Stoßkante entsteht.

Die Überstände am unteren Dosenrand im Abstand von etwa 2 cm einschneiden und die Streifen am Dosenboden festkleben.

Legen Sie den Deckel auf den Filz und zeichnen Sie den Umriss nach. Den Kreis ausschneiden und auf die Deckeloberseite kleben. Außerdem benötigen Sie noch einen Stern in der Farbe des Unterteiles sowie die Metallfolienteile für den Rand und das Mittelmotiv. Prägen Sie die Metallteile wie auf Seite 5 beschrieben. Kleben Sie die Streifen für den Deckelrand nur seitlich fest (eventuell müssen Sie hier zwei Teile zusammensetzen, da nicht alle Folienbögen groß genug sind) und biegen die überstehenden Bögen auf die Oberseite um.

Wir danken der Firma Rayher Hobby GmbH, Laupheim, für ihre freundliche Unterstützung.

Fotos: frechverlag GmbH, 70499 Stuttgart;
Fotostudio Ullrich & Co., Renningen;
Friedhelm Raffel, Münsingen

Dieses Buch enthält:
2 Vorlagenbogen

Auflage: 5. 4. 3. 2. 1. | Letzte Zahlen
Jahr: 2006 2005 2004 2003 2002 | maßgebend

frechverlag GmbH, 70499 Stuttgart
Druck: frechdruck GmbH, 70499 Stuttgart

ISBN 3-7724-3028-7 · Best.-Nr. 3028

Liebe Leserinnen und Leser,

bestimmt ist Ihnen nicht entgangen, dass sich das Basteln mit Filz zu einem echten Trend entwickelt.

Und das zurecht, denn es handelt sich um ein ausgesprochen vielseitiges und leicht zu verarbeitendes Material. Außerdem gibt es so viele verschiedene Farben, dass man sich immer wieder neu inspirieren lassen kann.

Obwohl Filz ein stumpfes Material ist, brauchen Sie auf weihnachtlichen Glanz natürlich nicht zu verzichten. Im Gegenteil! Perlen, Pailletten, Glitzerfarben und Prägefolie entfalten ihren Schimmer als Kontrast zum Filz überhaupt erst richtig.

Besonders schön finde ich, dass sich Filz so einfach und wirkungsvoll besticken lässt, und das macht bestimmt auch Ihren Kindern Spaß!

Ich lade Sie herzlich ein, sich beim Blättern in diesem Buch von der Farbigkeit und Vielfältigkeit anregen zu lassen, und Sie werden meine Begeisterung sicher bald teilen.

Ich wünsche Ihnen eine glanzvolle, farbenfrohe und geruhsame Weihnachtszeit.

Ihre

Sabine Kapeller

Materialien

Folgende Materialien benötigen Sie für fast jedes der hier im Buch gezeigten Modelle. Die restlichen Materialien finden Sie in der jeweiligen Materialliste.

- Filz in verschiedenen Farben
- Transparentpapier
- Dünne Pappe

Werkzeuge

- Silhouettenschere oder Nagelschere
- Schere
- Zackenschere
- Bleistift, weich und hart
- Kugelschreiber
- Klebestift, Klebstoff und Kraftkleber
- Cutter und Schneideunterlage oder dicke Zeitung
- Lineal
- Pinsel
- Maßband
- Locher
- Moosgummi
- Prägewerkzeug oder Stricknadel

Zum Aufkleben von Filz benötigen Sie noch folgende Hilfsmittel

- Schraubglas
- Wasser
- Tapetenkleister
- Rührbesen oder Gabel
- Tee- und Esslöffel
- Buchbinder- oder Holzleim
- Pinsel

Zum Besticken oder Bemalen brauchen Sie zusätzlich

- Rocailles
- Stiftperlen
- Pailletten
- Streusternchen oder andere Motive mit Loch
- Sticktwist, evtl. Nähgarn
- Sticknadel mit Spitze
- Perlennadel
- Nähnadel

oder

- Fun Liner Glitter
- Textil Glitter
- Glitter Glue
- Gutta

So geht es

Übertragen von Vorlagen

1. Übertragen Sie zuerst die Vorlagen mit einem weichen Bleistift auf das Transparentpapier.

2. Drehen Sie dann das Papier um, legen Sie es auf die Pappe und fahren Sie die Linien mit dem härteren Bleistift nach. Dadurch übertragen sich die Motive auf die Pappe und können ausgeschnitten werden.

3. Zum Aufzeichnen der Umrisslinien auf den Filz eignet sich am besten ein Kugelschreiber oder ein weicher Bleistift.

4. Schneiden Sie die Motive immer so aus, dass die Linien nicht mehr zu sehen sind. Verwenden Sie hierfür am besten eine Silhouettenschere oder eine feine Nagelschere.

Arbeiten mit Prägefolie

Für das Übertragen von Vorlagen auf Prägefolie benötigen Sie keine Pappe. Sie können die Motive direkt vom Transparentpapier auf die Folie übertragen und nach dem Prägen ausschneiden. Legen Sie die Folie zum Prägen auf eine weiche Unterlage wie Moosgummi oder mehrere Lagen Zeitung. Ziehen Sie zuerst auf der einen Seite alle Linien mit dem Prägewerkzeug kräftig nach, drehen Sie dann die Folie um und fahren Sie alle Linien nochmals auf der Rückseite nach, damit die Muster besser zur Geltung kommen.

Flächiges Aufkleben von Filz

Für großflächiges Verkleben von Filz eignet sich am besten folgende Mischung:
Rühren Sie zunächst einen Teelöffel Tapetenkleister mit ca. 100 ml Wasser an und lassen Sie den Kleister eine halbe Stunde quellen. Danach rühren Sie ihn gut durch, geben etwa 50 ml, das sind 3 bis 4 Esslöffel, Leim dazu und rühren nochmals um. Achten Sie beim Auftragen des Klebers darauf, dass eine gleichmäßig dünne Schicht entsteht, sonst schlägt er durch und hinterlässt Flecken auf dem Filz.
Sie können den Klebstoff übrigens ein paar Wochen aufbewahren, sollten ihn dann aber vor Gebrauch immer umrühren. Und vergessen Sie nicht, Ihren Pinsel nach Gebrauch gründlich auszuwaschen!
Falls Ihnen das Anrühren des Klebers zu aufwändig ist, können Sie auch nur Leim verwenden, den Sie vor dem Auftragen mit etwas Wasser verdünnen.

Einkaufshilfe

Filz wird üblicherweise in Zuschnitten von 20 cm x 30 cm verkauft. Wenn in den Materiallisten nichts anderes angegeben ist, genügt eine Filzplatte pro Farbe zur Herstellung des entsprechenden Modells.
Für größere Motive benötigen Sie Filz von der Rolle, der meist etwa 50 cm breit liegt. Wenn Sie also in den Materiallisten Zentimeterangaben finden, so beziehen sich diese auf 50 cm breiten Rollenfilz.

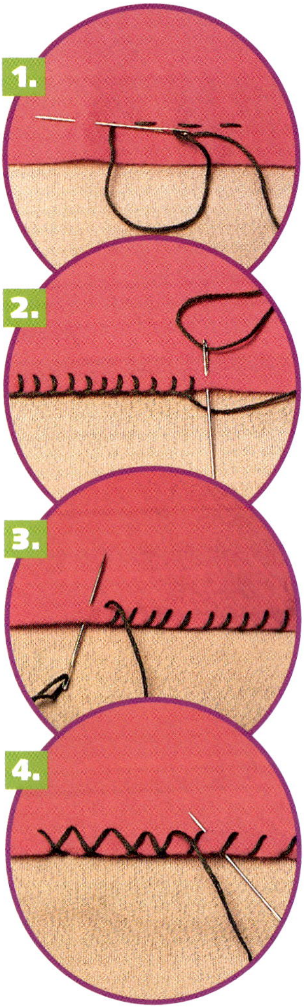

Besticken und Bemalen

Die Farben des Filzes fallen bei den verschiedenen Herstellern unterschiedlich aus. Aus dem Grund kann ich Ihnen die genauen Farbnummern des Stickgarns nicht nennen. Am besten nehmen Sie Ihren Filz zum Einkaufen mit und suchen sich selbst die passenden Farben aus.
Auf den Fotos auf dieser Seite sehen Sie, mit welchen Zierstichen Sie die Filzteile schmücken oder zusammennähen können (1. Vorstich, 2. Schlingstich, 3. Überwendlicher Stich, 4. Doppelter Überwendlicher Stich).
Wenn Sie Pailletten mit Perlen aufnähen wollen, gehen Sie so vor: Von unten durch den Filz nach oben stechen, eine Paillette auffädeln, eine farblich passende Perle auffädeln, dann von oben nach unten durch die Paillette und den Filz stechen.
Beim Aufnähen der Perlen ohne Pailletten sollten Ein- und Ausstichstelle möglichst dicht beieinander liegen.
Die Stiftperlen zwischen Aus- und Einstichstelle sollten so aufgenäht werden, dass der Abstand genau so groß wie die Stiftperle selbst ist. So sind die Fäden am wenigsten zu sehen.
Zum Aufnähen verwenden Sie entweder Nähgarn oder zweifädig geteilten Sticktwist. Für die Zierstiche können Sie den Stickfaden sechsfädig verarbeiten, damit die Stiche auch gut zu sehen sind.
Wenn es einmal ganz schnell gehen soll, können Sie die Filzmotive auch bemalen. Hierfür eignen sich die auf Seite 4 genannten Glitzer- und Metallfarben aus der Tube.

Sterne fallen vom Himmel

In diesem Buch finden Sie zwei verschiedene Möglichkeiten für die Verwendung der Sternenketten. Sie eignen sich sehr gut zum Verwerten kleiner Filzreste. Fertigen Sie entweder mehrere kurze Ketten, die Sie dann ins Fenster oder an die Tür hängen, oder eine lange, die sich gut als Christbaumgirlande eignet.
Auf dem Vorlagenbogen finden Sie auch zwei verschieden große Schablonen für die Sterne.

Motivgröße

Sternenkette
Seite 7 + 9:
Länge ca. 50 c
Sterne ø 6 cm

Sternenkette
Seite 11:
Länge ca. 3 m,
Sterne ø 4 cm

Übertragen Sie die Sterne auf den Filz wie auf Seite 4 beschrieben und schneiden Sie sie aus. Fädeln Sie die Sterne auf das Garn und verknoten Sie die Enden. Befestigt werden die Ketten einzeln mit Stecknadeln. Für eine lange Girlande ist es übrigens einfacher, wenn Sie erst die eine Hälfte der Sterne auffädeln und den Rest dann von der anderen Seite, damit Sie die Sterne nicht so weit verschieben müssen.

Material

- Filzreste in verschiedenen, gut aufeinander abgestimmten Farben
- Lurexgarn in Gold oder Silber

Vorlagenbogen 1A

Niedliche Filztäschchen

Für das hellblaue Täschchen benötigen Sie zweimal das Taschenteil vom Vorlagenbogen sowie zwei Filzstreifen von 26 cm x 2 cm. Kürzen Sie einen der beiden Streifen auf die halbe Länge. Legen Sie jedes der beiden gekürzten Stücke längs zu einem 1 cm breiten Streifen zusammen und nähen Sie die offene Kante mit Schlingstichen (siehe Seite 6) und rosa Stickgarn zu. Befestigen Sie diese beiden Henkel mit einem Kreuzstich an der Innenseite der beiden Taschenteile. Besticken Sie beide Seiten der Tasche mit Perlen, indem Sie von hinten nach vorn durch den Filz stechen, jeweils etwa 10 Perlen auffädeln und diese dann mit einem kleinen Stich bogenförmig aufnähen. Zum Schluss nähen Sie den verbliebenen Filzstreifen als Zwischenteil mit Schlingstichen zuerst am einen, dann am anderen Taschenteil fest.

Für das pinkfarbene Täschchen benötigen Sie zwei 13 cm x 2 cm lange Filzstreifen für die Henkel. Nähen Sie die Kanten wie oben beschrieben mit Schlingstichen (siehe Seite 6) und fliederfarbenem Sticktwist zusammen. Dann werden die Taschenteile, die Sie zuvor zweimal ausgeschnitten haben, mit Perlen bestickt. Dazu markieren Sie mit dem Bleistift und Geodreieck Punkte auf dem Filz. Auf dem abgebildeten Täschchen liegen die Perlen in der Breite 2 cm und die Reihen 1 cm auseinander. Befestigen Sie die Henkelenden mit je einem Kreuzstich. Danach werden die Teile ohne Zwischenstück mit Schlingstichen (siehe Seite 6) aneinander genäht.

Wenn Sie Lust und ein bisschen Geduld haben, können Sie aus diesen Täschchen auch einen Adventskalender herstellen. Die Zahlen können Sie mit einem Fun Liner Glitter aufmalen. Schneiden Sie zwei 9 cm x 8 cm große Filzstücke für das weiße Säckchen aus und nähen Sie diese an drei Seiten mit Schlingstichen (siehe Seite 6) zu einem Säckchen zusammen. Am unteren Rand fädeln Sie beim Sticken gleich abwechselnd 7 und 8 Perlen auf, stechen durch alle Perlen außer der zuletzt aufgefädelten wieder zurück und führen dann erst den nächsten Schlingstich aus. Füllen Sie etwas Füllwatte in das Säckchen, binden Sie es mit Stickgarn zu und fädeln Sie Perlen auf die Garnenden. Zusätzlich wird noch ein 0,5 cm x 18 cm großer Filzstreifen aus einem andersfarbigen Rest um das Säckchen geknotet.

Die Anleitung für die Sternenkette finden Sie auf Seite 6/7!

Motivgröße

Täschchen: 8 cm x 9 cm
Beutelchen: 8 cm x 9 cm

Material

- Filz in Pink, Weiß und Hellblau
- Rocailles in Pastellfarben
- Sticktwist in Rosa und Flieder
- Geodreieck
- Füllwatte

Vorlagenbogen 1B

Putzige Stiefel und Handschuhe

Schneiden Sie für jeden Stiefel zwei Stiefelteile aus einem hellen Farbton aus, zwei Fersen, zwei Kappen und eine Krempe aus dem dunkleren Ton. Kleben Sie Fersen und Kappen mit Klebestift auf den Stiefel, damit beim Nähen nichts verrutscht. Nähen Sie zuerst die innen liegenden Kanten von Ferse und Kappe auf die Grundform und dann die Stiefelteile zusammen. Verwenden Sie hierfür einen der auf Seite 6 abgebildeten Stiche. Sticken Sie Perlen und Pailletten auf den unteren Rand der Stiefelkrempe und nähen Sie diese zusammen mit einem kleinen Aufhänger aus Filz an den Stiefel, so dass die beiden Schmalseiten an der hinteren Stiefelkante zusammentreffen.

Für die Handschuhe benötigen Sie ebenfalls je zwei Handschuhteile, außerdem zwei Ziermotive sowie eine Krempe. Ansonsten gehen Sie genauso vor wie bei den Stiefeln.

Falls Sie aus diesen Motiven einen Adventskalender machen möchten, empfehle ich Ihnen, überwiegend Vorstiche zu verwenden, da diese am einfachsten und schnellsten sind und weniger Garn brauchen.

Die Anleitung für die Sternenkette finden Sie auf Seite 6/7.

Motivgröße

Stiefel: 9 cm x 10,5 cm
Handschuhe: 9 cm x 12,5 cm

Material

- Filz in verschiedenen Gelb-, Grün- und Lilatönen
- Perlen und Pailletten in Gold, Pink, Rot und Braun
- Sticktwist in Gelb, Flieder, Hellgrün und Dunkelrot

Vorlagenbogen 1A

Liebevolle Nikolausgrüße

Motivgröße
13 cm x 18 cm bzw.
10,5 cm x 14,8 cm

Material

- Filz in je zwei verschiedenen Gelb-, Grün- und Lilatönen
- Perlen und Pailletten in Gold, Pink, Rot und Braun
- Sticktwist in Gelb, Hellgrün und Dunkelrot
- Tonkarton in Gelb, Dunkelrot und Lila
- Metallstreusterne oder Sternaufkleber
- Kleine Zweige von Buchs

Vorlagenbogen 1A

Für die Filzmotive benötigen Sie nur ein Hauptteil, jeweils eines der Zierteile sowie die Hälfte der Krempe (siehe Markierung auf dem Vorlagenbogen). Die Stiche sind reine Ziersticke (siehe auch Anleitung Seite 6). Die Krempen werden wie abgebildet mit Perlen bestickt.

Die fertigen Motive so auf die Karten kleben, dass sie oben offen sind und Geld oder Zweige als Füllung hineingesteckt werden können. Kleben Sie außerdem noch ein paar Streusterne auf die Karte.

Wenn Sie die Karten mit einem Geldgeschenk bestücken möchten, sieht das Format 13 cm x 18 cm großzügiger aus, ansonsten genügt das normale Format von 14,8 cm x 21 cm.

Für eine Klappkarte müssen Sie das kleinere Maß doppelt nehmen und die Karte in der Mitte entsprechend falten. Zum Schneiden arbeiten Sie am besten mit einem Cutter und Schneideunterlage. Für die großen Karten finden Sie einen passenden Umschlag auf dem Vorlagenbogen.

Motivgröße

10,5 cm x 11,5 cm

Material

- Filz in verschiedenen Grüntönen
- Sticktwist in verschiedenen Grüntönen
- Perlen, Pailletten und Stiftperlen in verschiedenen Farben
- Füllwatte

Vorlagenbogen 1A

Oh Tannenbaum, oh Tannenbaum

Schneiden Sie den Tannenbaum zweimal aus jedem Grünton aus. Besticken Sie die Bäume mit der Perlennadel und zweifädigem Stickgarn mit den Perlen und Pailletten.

Nähen Sie dann die beiden gleichfarbigen Bäume mit einfachen Vorstichen (siehe Seite 6) zusammen. Beginnen Sie an der Baumspitze und lassen Sie einen Rand von 5 mm bis 7 mm, am Stamm etwas weniger. Verknoten Sie Anfang und Ende des Sticktwists und verwenden Sie diesen zum Aufhängen. Kurz bevor Sie mit dem Nähen fertig sind, stopfen Sie die Bäume noch mit etwas Füllwatte aus. Zum Schluss beschneiden Sie die Ränder der Bäume mit der Zackenschere.

Ruprechts Nikolausstiefel

Motivgröße
22 cm x 38 cm

Material
- Filz in Olivgrün, ca. 40 cm
- Filz in Hellgrün und Dunkelrot
- Rupfenrest
- 5 Knöpfe
- Stickgarn in Dunkelrot und Dunkelblau
- Paketschnur, dünn
- Sternzwirn
- 2 Schellen in verschiedenen Größen
- Füllwatte

Vorlagenbogen 2A

Schneiden Sie das Stiefelteil zweimal aus olivgrünem Filz, die Krempe zweimal aus hellgrünem Filz aus. Legen Sie die Stiefelteile rechts auf rechts und nähen Sie diese mit 3 mm bis 4 mm Nahtzugabe zusammen.
Wenden Sie den Stiefel vorsichtig. Die Krempe nähen Sie auf der einen Schmalseite ganz, auf der anderen nur etwa zu einem Drittel zusammen. Die Zacken sind dabei auf der offenen Seite.
Nun schieben Sie den Umschlag so in den Stiefel, dass die spätere Außenseite der Krempe und die Innenseite des Stiefels aufeinander liegen und nähen die beiden Teile aneinander. Die offene Seite des Umschlages liegt dabei auf der hinteren Naht des Stiefels.
Zum Befestigen der Knöpfe fädeln Sie die Paketschnur in eine Sticknadel, stechen an den Markierungen einmal nach unten durch den Stiefel und einmal wieder nach oben, schneiden die Schnur ab und knoten einen Knopf mit der Schnur fest. Umsticken Sie auf einem Rest Rupfen ein beliebiges Rechteck mit überwendlichen Stichen (siehe Seite 6), schneiden Sie das Rechteck mit drei bis vier Fäden Zugabe fadengerade aus und ziehen Sie die überstehenden Fäden heraus. Nun kleben Sie die Rupfenflicken auf den Stiefel. Schneiden Sie noch drei rote Herzen aus, von denen Sie eines ebenfalls auf den Stiefel kleben. Die anderen beiden nähen Sie halb mit Vorstichen zusammen, füllen in die verbliebene Öffnung noch etwas Füllwatte hinein und nähen es endgültig zu.
Mit der Nadel befestigen Sie die Aufhängeschnur oben an der Krempe des Stiefels, knoten die Enden zusammen und befestigen daran das gefüllte Herz und die beiden Schellen.

Fröhliche Weihnachtskarten

Beschreibung Seite 18

Motivgröße

11 cm x 13,5 cm

Material

- Filz in verschiedenen Grüntönen
- Tonpapier in verschiedenen Grüntönen
- Fun Liner Glitter in Reseda, Fuchsia, Rubinrot, Smaragd, Gold und Rotgold
- Bastelfolie in Mattgold
- Packpapier

Vorlagenbogen 1A+1B

Fröhliche Weihnachtskarten

Abbildung und Material Seite 16/17

Schneiden Sie aus dem Tonpapier Karten im A5-Format (14,8 cm x 21 cm) zu und falten Sie diese zur Hälfte. Für die Umschläge schneiden Sie nach der Vorlage eine Raute aus Packpapier, schneiden die dunkel schraffierten Ecken weg und falten den Umschlag entlang der gestrichelten Linien. Kleben Sie das Unterteil des Umschlages an die beiden Seitenteile. Den Hintergrund der Bäume schneiden Sie nach der Vorlage aus der Bastelfolie aus, kleben ihn mittig auf die Karte und entfernen die überstehenden Ecken. Die Filzbäume können Sie direkt mit der Zackenschere ausschneiden. Bemalen Sie die Bäume nach eigenen Vorstellungen oder entsprechend der Abbildung mit Fun Liner Glitter und lassen Sie die Farbe trocknen. Sie können auch die Umschläge mit Fun Liner Glitter verzieren und eine „Briefmarke" aus Filz ausschneiden und aufkleben.

Es weihnachtet sehr

Für die Kugeln verwenden Sie die Vorlage vom Bogen und schneiden nach Wunsch acht ganze oder 16 halbe Achtel aus einer oder zwei Filzfarben aus. Kleben Sie die Stücke nacheinander auf die Kugeln und achten Sie darauf, dass sie sich nicht zu weit überlappen. Die Vorlage ist etwas reichlich bemessen, schneiden Sie notfalls eher etwas weg, damit die Stücke auch wirklich nur ein Achtel der Kugel bedecken. Wenn die Kugeln getrocknet sind, stecken Sie die Pailletten mit Stecknadeln so auf, dass alle Nähte verdeckt sind und die Pailletten sich leicht überlappen. Vergessen Sie nicht, unter die obere Mittelpaillette einen Faden zum Aufhängen zu knoten.

Für die Herzen schneiden Sie ein Stück roten Filz aus, das auf allen Seiten etwas größer ist als das Styroporherz. Tragen Sie dann bis zur Nahtlinie Kleber auf die Styroporform auf, streichen Sie den Filz überall möglichst glatt auf die Form und schneiden Sie die Überstände vorsichtig mit einer Silhouettenschere entlang der Nahtlinie ab. Wenn beide Seiten so mit Filz überzogen sind und der Kleber getrocknet ist, verdecken Sie die Ansatzlinien mit Pailletten und verzieren die Herzen noch zusätzlich.

Motivgröße

Kugeln: ø 8 cm
Herzen: ca. 8 cm x 10 cm

Material

- Filz in Rot, Lila und Orange
- Pailletten in Rot, Pink, Lila und Gold
- Styroporkugeln, ø 8 cm
- Styroporherzen, 8 cm x 10 cm
- Kurze Messingstecknadeln
- Leimmischung (siehe Seite 4)
- Pinsel
- Aufhängefaden in Gold

Vorlagenbogen 1B

Zwei kleine Engelchen kommen zu Besuch

Motivgröße
10 cm x 12 cm

Material
- Filz in Goldgelb
- Filzreste in Orange, Rot und Pink
- Bastelfolie in Gold
- Bouillondraht oder Lurexgarn
- Glitterfarben in Gold und Rot
- Füllwatte

Vorlagenbogen 2A

Übertragen Sie die Engel-Vorlage zweimal auf den goldgelben Filz und schneiden Sie beide Engel aus. Tragen Sie eine feine Klebstofflinie von einem Arm über den Kopf zum anderen Arm auf, fixieren Sie beide Engel aufeinander und lassen Sie den Kleber trocknen. Füllen Sie den Kopf vorsichtig mit einem Stückchen Füllwatte und kleben Sie dann die Armunterseiten und die Seitennähte des Kleides aufeinander. Füllen Sie den Rock und die Ärmel ebenfalls mit etwas Füllwatte. Nun kleben Sie die kleinen Schmuckteile auf, die Sie vorher aus Filzresten ausgeschnitten haben, und verzieren Sie diese mit Glitterfarben. Für die Haare wickeln Sie Bouillondraht oder Lurexgarn mehrmals über vier Finger einer Hand und schneiden den entstehenden Ring durch. Kleben Sie die „Haare“ mittig auf den Engelkopf und begradigen Sie die überstehenden Enden. Falten Sie die Metallfolie einmal und übertragen Sie den halben Engelflügel der Vorlage auf die Folie. Schneiden Sie den Flügel aus und kleben Sie ihn aufgefaltet auf den Rücken.

Orientalische Herzdosen

Material

- Pappdosen in Herzform, 10 cm x 10 cm und 13 cm x 13 cm
- Filz in Rot und Pink, ca. 30 cm
- Fun Liner Glitter in Rotgold und Fuchsia
- Pailletten in Gold und Violett

Die Herzdosen werden ebenso beklebt wie die runden Dosen auf Seite 1, nur benötigen Sie hier noch zusätzlich einen Streifen Filz in entsprechender Länge für den Deckelrand.
Wenn der Dosendeckel ausreichend Spiel hat, können Sie das Dosenunterteil ganz bekleben und die Überstände am oberen Rand nach innen biegen. Wenn der Leim getrocknet ist, bemalen Sie den Deckel mit Fun Liner Glitter und bekleben ihn mit den Pailletten. Dafür verwenden Sie am besten Kraftkleber. Um die Stoßkante zwischen Deckelrand und Deckeloberseite zu verdecken, tragen Sie hier auf jeden Fall eine Linie mit dem Fun Liner Glitter auf. Lassen Sie ihn möglichst zwischen den einzelnen Arbeitsgängen trocknen, dann müssen Sie nicht so aufpassen, dass nichts verwischt.

Weihnachtsbaumkugeln einmal anders

Beschreibung Seite 24

Weihnachtsbaumkugeln einmal anders

Abbildung Seite 23

Schneiden Sie pro Farbe zwei Teile für die Kugel aus Filz aus, sowie für jedes Teil zwei bis drei Quer- bzw. drei Längsstreifen aus einer anderen Farbe. Fixieren Sie die Streifen auf den Kugelteilen und sticken Sie alle Ränder mit Vorstichen (siehe Seite 6) und 3-fädig geteiltem Stickgarn nach. Nun legen Sie die beiden Kugelteile einer Farbe mit den linken Seiten aufeinander, legen einen Kreis aus Volumenvlies dazwischen und nähen alle Schichten ebenfalls mit Vorstichen zusammen. Aus dem Fadenende können Sie gleich eine Aufhängeschlaufe knoten.

Motivgröße

ca. 9 cm

Material

- Filz in Goldgelb, Orange, Pink und Hellgrün
- Sticktwist in Goldgelb und Pink
- Volumenvlies

Vorlagenbogen 2A

Funkelnde Schneesterne

Motivgröße

10,5 cm x 12 cm

Material

- Filz in Weiß
- Sternpailletten und runde Pailletten in Silber
- Rocailles und Stiftperlen, transparent mit Silbereinzug
- Volumenvlies
- Nähfaden in Silber

Vorlagenbogen 1B

Sie benötigen für jeden Stern zwei weiße Filzsterne und einen Stern aus Volumenvlies, den Sie aus der kleineren Vorlage zuschneiden. Besticken Sie zuerst die Filzsterne mit Perlen und Pailletten, wobei Sie den äußeren Perlenrand weglassen. Legen Sie dann alle drei Schichten des Sterns, mit dem Volumenvlies in der Mitte, exakt aufeinander und nähen Sie ihn mit Vorstichen zusammen. Fädeln Sie dabei nach jedem Stich eine Perle auf die Nadel.
Die Enden des Fadens verknoten Sie und benutzen ihn als Aufhängung.

Freche Schneemänner

Übertragen Sie den Schneemann vom Vorlagenbogen auf den weißen Filz. Schneiden Sie die Form grob aus, indem Sie zwei Lagen übereinander legen. Nähen Sie die beiden Lagen auf der Linie zusammen und lassen Sie dabei den Boden offen. Danach wird die Nahtzugabe auf etwa 3 mm zurückgeschnitten.
Wenden Sie den Schneemann vorsichtig und stopfen Sie ihn fest mit

Motivgröße
9 cm x 12 cm

Material
- Filz in Weiß, Hellblau, Pink, Lila
- Filzreste in Schwarz u Orange
- Nähfaden in Weiß
- Füllwatte

Vorlagenbogen 1B

Füllwatte aus. Die offene Stelle nähen Sie möglichst unsichtbar zu. Schneiden Sie aus dem bunten Filz ein 1,5 cm x 18 cm großes Stück für den Schal und ein 5 cm x 10 cm großes Stück für die Mütze zu. Schlagen Sie an der Längsseite dieses Stückes etwa 5 mm um und kleben Sie die Mütze um den Kopf des Schneemanns. Das obere Ende der Mütze ziehen Sie mit einem Nähfaden zusammen und verknoten diesen gut. Dessen Enden können Sie als Aufhängung benutzen.
Das Schalstück schneiden Sie an den beiden Schmalseiten zwei- bis dreimal ein und binden es um den Hals. Nun fehlen dem Schneemann noch Knöpfe, die Sie mit dem Locher aus schwarzem Filz ausstechen und aufkleben, sowie eine Karottennase aus einem Rest orangefarbenem Filz.

Taschen zum Verlieben

Schneiden Sie pro Tasche 7 bis 8 Sterne bzw. Herzen aus dem Filz aus. Bohren Sie oben in jedes Filzmotiv ein Loch mit einer dicken Nähnadel vor und fädeln Sie dann ein etwa 15 cm bis 20 cm langes Stück Silberdraht hindurch, das Sie in der Mitte knicken.
Befestigen Sie Silberdraht an einem der Taschenhenkel und beginnen Sie nach ca. 10 cm mit dem Verknoten der Zuckerstücke. Wickeln Sie dabei den Draht erst zwei- bis dreimal in die eine, danach zwei- bis dreimal in die andere Richtung fest um den Zucker. Dann verdrehen Sie die Enden und fixieren etwa 10 cm weiter das nächste Zuckerstück. Für einen besseren Halt führen Sie den Draht ab und zu um die Henkel herum. Wenn die Kette zweimal um die Tasche passt, verdrehen Sie Anfang und Ende miteinander, schneiden den Draht nach ca. 10 cm ab und wickeln die Enden einige Male um einen dünnen Stift oder eine dicke Stricknadel.
Bei den Perlen gehen Sie ähnlich vor. Es genügt jedoch, wenn Sie diese einmal um sich selbst drehen, damit sie fixiert sind. Hängen Sie nun die Filzmotive an den langen Draht, verzwirbeln Sie die Enden miteinander und wickeln sie ebenfalls um die Stricknadel.

Wenn Sie die Taschen nicht nur zur Dekoration verwenden möchten, sollten Sie die Filzmotive mit einigen Stichen annähen und die Zuckerstücke bzw. Perlen einzeln an der Tasche befestigen. Verzichten Sie auf die aufgewickelten Drahtenden, da sie leicht an der Kleidung hängen bleiben können.

Tipp
Die Zuckerstücke werden besonders klar, wenn Sie sie vor dem Verarbeiten anfeuchten und auf einer Folie trocknen lassen.

Motivgröße
22 cm x 22 cm (ohne Henkel)

Material
- Fertige Filztaschen in Rosa und Lila
- Filz in Orange und Maigrün
- Silberdraht, fein
- Wachsperlen
- Grober Kandiszucker in Weiß

Vorlagenbogen 1B

Weißt du, wie viel Sternlein hängen?

Abbildung Seite 32

Motivgröße

8,5 cm x 8,5 cm

Material

- Filz in Rot
- Stickgarn in Gold, Rot und Dunkelgrün
- Volumenvlies

Vorlagenbogen 2A

Schneiden Sie für jeden Stern zwei Teile aus Filz nach der größeren Vorlage und ein Teil aus Volumenvlies nach der kleineren Vorlage aus. Legen Sie das Volumenvlies genau zwischen die beiden Filzlagen und umsticken Sie den Stern mit Schlingstichen (siehe Seite 6). Verknoten Sie das Stickgarnende zu einer Aufhängeschlaufe.

Geschenke hübsch verpackt

Schneiden Sie den Filz so zu, dass er auf beiden Seiten etwa 2 cm breiter ist als das Geschenk und sich beim Einpacken um 2 cm bis 3 cm überlappt. Wenn Sie wollen, können Sie die Ränder mit der Zackenschere verzieren. Nähen Sie zuerst eine der beiden Schmalseiten, dann

Motivgröße

je nach Geschenk

Material

- Filz in Grau, Pink und Lila
- Prägefolie in Silber
- Lurexgarn oder Aufnähband in Silber
- Fun Liner Glitter in Silber

Vorlagenbogen 2A

die Längsseite mit großen Vorstichen zusammen. Stecken Sie das Geschenk in die Hülle und nähen Sie dann die zweite Schmalseite zu. Sie können aus dem Filz auch ein Säckchen nähen, indem Sie den Silberfaden an der oberen Schmalseite einfach zuziehen.

Als Geschenkanhänger eignen sich Sterne aus Filz mit Prägefolie, die Sie auf dem Vorlagenbogen finden. Wenn Sie die Geschenke beschriften möchten, verwenden Sie einen silbernen Fun Liner Glitter.

Tipp

Sie können auch einen Filzstern beschriften und an das Geschenk binden. Dann bleibt die Verpackung neutral und kann nochmals verwendet werden.

Weißt du, wie viel Sternlein hängen?

Beschreibung Seite 30